PONS

TABLAS VERBALES
ESPAÑOL

Tablas y reglas que presentan los aspectos esenciales de las conjugaciones verbales

TABLAS VERBALES ESPAÑOL

reúne las explicaciones imprescindibles para dominar la conjugación de los verbos españoles.

Estas tablas son una útil herramienta de consulta tanto para los estudiantes de niveles básicos como de niveles avanzados.

NOTA

En los verbos que sirven de ejemplo para las conjugaciones regulares (**amar**, **beber** y **vivir**), se han destacado en **negrita** las desinencias de tiempos simples y el verbo auxiliar de los tiempos compuestos.

En los ejemplos de conjugación irregular solo se indican aquellos tiempos verbales en los que aparece alguna irregularidad, que se destaca en **negrita**.

Los modelos proporcionados van acompañados de pequeñas listas de verbos que presentan la misma irregularidad. Sin embargo, en algunos casos, estos verbos pueden tener alguna otra irregularidad además de la compartida con los verbos modelo.

SER

Usos: identificar/identificarse; expresar la profesión, la nacionalidad, las relaciones familiares, la materia de la que está hecha algo; hacer valoraciones; situar un acontecimiento en el tiempo o en el espacio; describir…

INDICATIVO

Presente	Pretérito Perfecto	Pretérito Imperfecto	Pretérito Indefinido	Pretérito Anterior
soy	he sido	era	fui	hube sido
eres	has sido	eras	fuiste	hubiste sido
es	ha sido	era	fue	hubo sido
somos	hemos sido	éramos	fuimos	hubimos sido
sois	habéis sido	erais	fuisteis	hubisteis sido
son	han sido	eran	fueron	hubieron sido

Pret. Pluscuamperfecto	Futuro Perfecto	Futuro Imperfecto	Condicional	Cond. Compuesto
había sido	habré sido	seré	sería	habría sido
habías sido	habrás sido	serás	serías	habrías sido
había sido	habrá sido	será	sería	habría sido
habíamos sido	habremos sido	seremos	seríamos	habríamos sido
habíais sido	habréis sido	seréis	seríais	habríais sido
habían sido	habrán sido	serán	serían	habrían sido

SUBJUNTIVO

Presente
sea
seas
sea
seamos
seáis
sean

Pretérito Perfecto
haya sido
hayas sido
haya sido
hayamos sido
hayáis sido
hayan sido

Pretérito Imperfecto
fuera/fuese
fueras/fueses
fuera/fuese
fuéramos/fuésemos
fuerais/fueseis
fueran/fuesen

Pret. Pluscuamperfecto
hubiera/-iese sido
hubieras/-ieses sido
hubiera/-iese sido
hubiéramos/-iésemos sido
hubierais/-ieseis sido
hubieran/-iesen sido

Futuro Perfecto
hubiere sido
hubieres sido
hubiere sido
hubiéremos sido
hubiereis sido
hubieren sido

Futuro Imperfecto
fuere
fueres
fuere
fuéremos
fuereis
fueren

IMPERATIVO

Afirmativo
—
sé
sea
seamos
sed
sean

Negativo
—
no seas
no sea
no seamos
no seáis
no sean

INFINITIVO

Simple
ser

Compuesto
haber sido

GERUNDIO

Simple
siendo

Compuesto
habiendo sido

PARTICIPIO

sido

ESTAR

Usos: localizar en el espacio; expresar el estado físico; hablar de las características de las personas o de las cosas cuando las consideramos temporales.

INDICATIVO

Presente	Pretérito Perfecto	Pretérito Imperfecto	Pretérito Indefinido	Pretérito Anterior
estoy	he estado	estaba	estuve	hube estado
estás	has estado	estabas	estuviste	hubiste estado
está	ha estado	estaba	estuvo	hubo estado
estamos	hemos estado	estábamos	estuvimos	hubimos estado
estáis	habéis estado	estabais	estuvisteis	hubisteis estado
están	han estado	estaban	estuvieron	hubieron estado

Pret. Pluscuamperfecto	Futuro Perfecto	Futuro Imperfecto	Condicional	Cond. Compuesto
había estado	habré estado	estaré	estaría	habría estado
habías estado	habrás estado	estarás	estarías	habrías estado
había estado	habrá estado	estará	estaría	habría estado
habíamos estado	habremos estado	estaremos	estaríamos	habríamos estado
habíais estado	habréis estado	estaréis	estaríais	habríais estado
habían estado	habrán estado	estarán	estarían	habrían estado

SUBJUNTIVO

Presente	Pretérito Perfecto	Pretérito Imperfecto
esté	estuviera/estuviese	haya estado
estés	estuvieras/estuvieses	hayas estado
esté	estuviera/estuviese	haya estado
estemos	estuviéramos/-iésemos	hayamos estado
estéis	estuvierais/estuvieseis	hayáis estado
estén	estuvieran/estuviesen	hayan estado

Pret. Pluscuamperfecto	Futuro Perfecto	Futuro Imperfecto
hubiera/-iese estado	hubiere estado	estuviere
hubieras/-ieses estado	hubieres estado	estuvieres
hubiera/-iese estado	hubiere estado	estuviere
hubiéramos/-iésemos estado	hubiéremos estado	estuviéremos
hubierais/-ieseis estado	hubiereis estado	estuviereis
hubieran/-iesen estado	hubieren estado	estuvieren

IMPERATIVO

Afirmativo	Negativo
—	—
está (estate)	no estés
esté (estése)	no esté
estemos	no estemos
estad (estaos)	no estéis
estén	no estén

INFINITIVO

Simple	Compuesto
estar	haber estado

GERUNDIO

Simple	Compuesto
estando	habiendo estado

PARTICIPIO

estado

Algunos adjetivos cambian de significado según vayan acompañados de **ser** o **estar**:
Ser *malo* (mala persona) / **Estar** *malo* (enfermo)   **Ser** *listo* (inteligente) / **Estar** *listo* (preparado)
Ser *bueno* (buena persona) / **Estar** *bueno* (sano)   **Ser** *atento* (cortés) / **Estar** *atento* (poner atención)

HABER

Uso: verbo auxiliar en la formación de tiempos compuestos. Expresar existencia (en el Presente se emplea la forma invariable **hay**, tanto en singular como en plural; para los demás tiempos, se utiliza la forma de la 3ª persona del singular).

INDICATIVO

Presente	Pretérito Perfecto	Pretérito Imperfecto	Pretérito Indefinido	Pretérito Anterior
he	he habido	había	hube	hube habido
has	has habido	habías	hubiste	hubiste habido
ha (hay)	ha habido	había	hubo	hubo habido
hemos	hemos habido	habíamos	hubimos	hubimos habido
habéis	habéis habido	habíais	hubisteis	hubisteis habido
han	han habido	habían	hubieron	hubieron habido

Pret. Pluscuamperfecto	Futuro Perfecto	Futuro Imperfecto	Condicional	Cond. Compuesto
había habido	habré habido	habré	habría	habría habido
habías habido	habrás habido	habrás	habrías	habrías habido
había habido	habrá habido	habrá	habría	habría habido
habíamos habido	habremos habido	habremos	habríamos	habríamos habido
habíais habido	habréis habido	habréis	habríais	habríais habido
habían habido	habrán habido	habrán	habrían	habrían habido

SUBJUNTIVO

Presente
haya
hayas
haya
hayamos
hayáis
hayan

Pretérito Perfecto
haya habido
hayas habido
haya habido
hayamos habido
hayáis habido
hayan habido

Pretérito Imperfecto
hubiera/-iese
hubieras/-ieses
hubiera/-iese
hubiéramos/-iésemos
hubierais/-ieseis
hubieran/-iesen

Pret. Pluscuamperfecto
hubiera/-iese habido
hubieras/-ieses habido
hubiera/-iese habido
hubiéramos/-iésemos habido
hubierais/-ieseis habido
hubieran/-iesen habido

Futuro Perfecto
hubiere
hubieres
hubiere
hubiéremos
hubiereis
hubieren

Futuro Imperfecto
hubiere habido
hubieres habido
hubiere habido
hubiéremos habido
hubiereis habido
hubieren habido

IMPERATIVO

Afirmativo
—
he
haya
hayamos
habed
hayan

Negativo
—
no hayas
no haya
no hayamos
no hayáis
no hayan

INFINITIVO

Simple
haber

Compuesto
haber habido

GERUNDIO

Simple
habiendo

Compuesto
habiendo habido

PARTICIPIO
habido

VERBOS REGULARES

1ª Conjugación: **-ar**   Amar

INDICATIVO

Presente	Pretérito Perfecto	Pretérito Imperfecto	Pretérito Indefinido	Pretérito Anterior
amo	he amado	amaba	amé	hube amado
amas	has amado	amabas	amaste	hubiste amado
ama	ha amado	amaba	amo	hubo amado
amamos	hemos amado	amábamos	amamos	hubimos amado
amáis	habéis amado	amabais	amasteis	hubisteis amado
aman	han amado	amaban	amaron	hubieron amado

Pret. Pluscuamperfecto	Futuro Perfecto	Futuro Imperfecto	Condicional	Cond. Compuesto
había amado	habré amado	amaré	amaría	habría amado
habías amado	habrás amado	amarás	amarías	habrías amado
había amado	habrá amado	amará	amaría	habría amado
habíamos amado	habremos amado	amaremos	amaríamos	habríamos amado
habíais amado	habréis amado	amaréis	amaríais	habríais amado
habían amado	habrán amado	amarán	amarían	habrían amado

SUBJUNTIVO

Presente
ame
ames
ame
amemos
améis
amen

Pret. Pluscuamperfecto
hubiera/-iese amado
hubieras/-ieses amado
hubiera/-iese amado
hubiéramos/-iésemos amado
hubierais/-ieseis amado
hubieran/-iesen amado

Pretérito Perfecto
haya amado
hayas amado
haya amado
hayamos amado
hayáis amado
hayan amado

Futuro Perfecto
hubiere amado
hubieres amado
hubiere amado
hubiéremos amado
hubiereis amado
hubieren amado

Pretérito Imperfecto
amara/-ase
amaras/-ases
amara/-ase
amáramos/-ásemos
amarais/-aseis
amaran/-asen

Futuro Imperfecto
amare
amares
amare
amáremos
amareis
amaren

IMPERATIVO

Afirmativo
—
ama
ame
amemos
amad
amen

Negativo
—
no ames
no ame
no amemos
no améis
no amen

INFINITIVO

Simple
amar

Compuesto
haber amado

GERUNDIO

Simple
amando

Compuesto
habiendo amado

PARTICIPIO
amado

2ª Conjugación: -er   Beber

INDICATIVO

Presente	Pretérito Perfecto	Pretérito Imperfecto	Pretérito Indefinido	Pretérito Anterior
bebo	he bebido	bebía	bebí	hube bebido
bebes	has bebido	bebías	bebiste	hubiste bebido
bebe	ha bebido	bebía	bebió	hubo bebido
bebemos	hemos bebido	bebíamos	bebimos	hubimos bebido
bebéis	habéis bebido	bebíais	bebisteis	hubisteis bebido
beben	han bebido	bebían	bebieron	hubieron bebido

Pret. Pluscuamperfecto	Futuro Perfecto	Futuro Imperfecto	Condicional	Cond. Compuesto
había bebido	habré bebido	beberé	bebería	habría bebido
habías bebido	habrás bebido	beberás	beberías	habrías bebido
había bebido	habrá bebido	beberá	bebería	habría bebido
habíamos bebido	habremos bebido	beberemos	beberíamos	habríamos bebido
habíais bebido	habréis bebido	beberéis	beberíais	habríais bebido
habían bebido	habrán bebido	beberán	beberían	habrían bebido

SUBJUNTIVO

Presente
beba
bebas
beba
bebamos
bebáis
beban

Pret. Pluscuamperfecto
hubiera/-iese bebido
hubieras/-ieses bebido
hubiera/-iese bebido
hubiéramos/-iésemos bebido
hubierais/-ieseis bebido
hubieran/-iesen bebido

Pretérito Perfecto
haya bebido
hayas bebido
haya bebido
hayamos bebido
hayáis bebido
hayan bebido

Futuro Perfecto
hubiere bebido
hubieres bebido
hubiere bebido
hubiéremos bebido
hubiereis bebido
hubieren bebido

Pretérito Imperfecto
bebiera/-iese
bebieras/-ieses
bebiera/-iese
bebiéramos/-iésemos
bebierais/-ieseis
bebieran/-iesen

Futuro imperfecto
bebiere
bebieres
bebiere
bebiéremos
bebiereis
bebieren

IMPERATIVO

Afirmativo
—
bebe
beba
bebamos
bebed
beban

Negativo
—
no bebas
no beba
no bebamos
no bebáis
no beban

INFINITIVO

Simple
beber

Compuesto
haber bebido

GERUNDIO

Simple
bebiendo

Compuesto
habiendo bebido

PARTICIPIO
bebido

3ª Conjugación: -ir   **Vivir**

INDICATIVO

Presente	Pretérito Perfecto	Pretérito Imperfecto	Pretérito Indefinido	Pretérito Anterior
vivo	he vivido	vivía	viví	hube vivido
vives	has vivido	vivías	viviste	hubiste vivido
vive	ha vivido	vivía	vivió	hubo vivido
vivimos	hemos vivido	vivíamos	vivimos	hubimos vivido
vivís	habéis vivido	vivíais	vivisteis	hubisteis vivido
viven	han vivido	vivían	vivieron	hubieron vivido

Pret. Pluscuamperfecto	Futuro Perfecto	Futuro Imperfecto	Condicional	Cond. Compuesto
había vivido	habré vivido	viviré	viviría	habría vivido
habías vivido	habrás vivido	vivirás	vivirías	habrías vivido
había vivido	habrá vivido	vivirá	viviría	habría vivido
habíamos vivido	habremos vivido	viviremos	viviríamos	habríamos vivido
habíais vivido	habréis vivido	viviréis	viviríais	habríais vivido
habían vivido	habrán vivido	vivirán	vivirían	habrían vivido

SUBJUNTIVO

Presente
viva
vivas
viva
vivamos
viváis
vivan

Pretérito Perfecto
haya vivido
hayas vivido
haya vivido
hayamos vivido
hayáis vivido
hayan vivido

Pretérito Imperfecto
viviera/-iese
vivieras/-ieses
viviera/-iese
viviéramos/-iésemos
vivierais/-ieseis
vivieran/-iesen

Pret. Pluscuamperfecto
hubiera/-iese vivido
hubieras/-ieses vivido
hubiera/-iese vivido
hubiéramos/-iésemos vivido
hubierais/-ieseis vivido
hubieran/-iesen vivido

Futuro Perfecto
hubiere vivido
hubieres vivido
hubiere vivido
hubiéremos vivido
hubiereis vivido
hubieren vivido

Futuro Imperfecto
viviere
vivieres
viviere
viviéremos
viviereis
vivieren

IMPERATIVO

Afirmativo
—
vive
viva
vivamos
vivid
vivan

Negativo
—
no vivas
no viva
no vivamos
no viváis
no vivan

INFINITIVO

Simple
vivir

Compuesto
haber vivido

GERUNDIO

Simple
viviendo

Compuesto
habiendo vivido

PARTICIPIO

vivido

TABLAS VERBALES ESPAÑOL / 16

VERBOS IRREGULARES

Adquirir (-i- → -ie-)

Verbos similares: los terminados en -irir.

INDICATIVO

Presente
adquiero
adquieres
adquiere
adquirimos
adquirís
adquieren

SUBJUNTIVO

Presente
adquiera
adquieras
adquiera
adquiramos
adquiráis
adquieran

IMPERATIVO

Afirmativo
—
adquiere
adquiera
adquiramos
adquirid
adquieran

Negativo
—
no adquieras
no adquiera
no adquiramos
no adquiráis
no adquieran

Conocer (-c- → -zc- antes de -a y -o)

Verbos similares: sus compuestos y los terminados en -ucir.

INDICATIVO

Presente
conozco
conoces
conoce
conocemos
conocéis
conocen

SUBJUNTIVO

Presente
conozca
conozcas
conozca
conozcamos
conozcáis
conozcan

IMPERATIVO

Afirmativo
—
conoce
conozca
conozcamos
conoced
conozcan

Negativo
—
no conozcas
no conozca
no conozcamos
no conozcáis
no conozcan

Construir (-u- → -uy-)

> Verbos similares: en general, los verbos que terminan en **-uir** (**distribuir, incluir, sustituir**...).

INDICATIVO

Presente
construyo
construyes
construye
construimos
construís
construyen

Indefinido
construí
construiste
construyó
construimos
construisteis
construyeron

SUBJUNTIVO

Presente
construya
construyas
construya
construyamos
construyáis
construyan

Imperfecto
construyera/-ese
construyeras/-eses
construyera/-ese
construyéramos/-ésemos
construyerais/-eseis
construyeran/-esen

Futuro Imperfecto
construyere
construyeres
construyere
construyéremos
construyereis
construyeren

IMPERATIVO

Afirmativo
—
construye
construya
construyamos
construid
construyan

Negativo
—
no construyas
no construya
no construyamos
no construyáis
no construyan

GERUNDIO

Simple
construyendo

Contar (-o- → -ue-)

Verbos similares: **acostar, cocer, colgar, doler, encontrar, llover, mover, probar, sonar, volar, volver**…

INDICATIVO

Presente
cuento
cuentas
cuenta
contamos
contáis
cuentan

SUBJUNTIVO

Presente
cuente
cuentes
cuente
contemos
contéis
cuenten

IMPERATIVO

Afirmativo	Negativo
—	—
cuenta	no cuentes
cuente	no cuente
contemos	no contemos
contad	no contéis
cuenten	no cuenten

Dar

INDICATIVO

Presente	Indefinido
doy	di
das	diste
da	dio
damos	dimos
dais	disteis
dan	dieron

SUBJUNTIVO

Presente	Imperfecto	Futuro Imperfecto
dé	diera/diese	diere
des	dieras/dieses	dieres
dé	diera/diese	diere
demos	diéramos/diésemos	diéremos
deis	dierais/dieseis	diereis
den	dieran/diesen	dieren

Decir (-e- → -i-/ -ec- → -ig-, -ij-)

Verbos similares: todos sus compuestos (**bendecir, maldecir, predecir**…).

INDICATIVO

Presente	Indefinido	Futuro imperfecto	Condicional
digo	dije	diré	diría
dices	dijiste	dirás	dirías
dice	dijo	dirá	diría
decimos	dijimos	diremos	diríamos
decís	dijisteis	diréis	diríais
dicen	dijeron	dirán	dirían

SUBJUNTIVO

Presente	Imperfecto	Futuro Imperfecto
diga	dijera/dijese	dijere
digas	dijeras/dijeses	dijeres
diga	dijera/dijese	dijere
digamos	dijéramos/dijésemos	dijéremos
digáis	dijerais/dijeseis	dijereis
digan	dijeran/dijesen	dijeren

GERUNDIO

Simple
diciendo

PARTICIPIO

dicho

IMPERATIVO

Afirmativo	Negativo
—	—
di	no digas
diga	no diga
digamos	no digamos
decid	no digáis
digan	no digan

Dormir (-o- → -ue-, -u-)

Verbos similares: **morir**.

INDICATIVO

Presente	Indefinido
duermo	dormí
duermes	dormiste
duerme	durmió
dormimos	dormimos
dormís	dormisteis
duermen	durmieron

IMPERATIVO

Afirmativo	Negativo
—	—
duerme	no duermas
duerma	no duerma
durmamos	no durmamos
dormid	no durmáis
duerman	no duerman

SUBJUNTIVO

Presente	Imperfecto	Futuro Imperfecto
duerma	durmiera/durmiese	durmiere
duermas	durmieras/durmieses	durmieres
duerma	durmiera/durmiese	durmiere
durmamos	durmiéramos/-iésemos	durmiéremos
durmáis	durmierais/durmieseis	durmiereis
duerman	durmieran/durmiesen	durmieren

GERUNDIO

Simple
durmiendo

Hacer

Verbos similares: todos sus compuestos (**deshacer**, **rehacer**…) y los verbos **satisfacer** y **yacer**.

INDICATIVO

Presente	Indefinido	Futuro Imperfecto	Condicional
hago	hice	haré	haría
haces	hiciste	harás	harías
hace	hizo	hará	haría
hacemos	hicimos	haremos	haríamos
hacéis	hicisteis	haréis	haríais
hacen	hicieron	harán	harían

PARTICIPIO

hecho

SUBJUNTIVO

Presente	Imperfecto	Futuro Imperfecto
haga	hiciera/hiciese	hiciere
hagas	hicieras/hicieses	hicieres
haga	hiciera/hiciese	hiciere
hagamos	hiciéramos/hiciésemos	hiciéremos
hagáis	hicierais/hicieseis	hiciereis
hagan	hicieran/hiciesen	hicieren

IMPERATIVO

Afirmativo	Negativo
—	—
haz	no hagas
haga	no haga
hagamos	no hagamos
haced	no hagáis
hagan	no hagan

Ir

INDICATIVO

Presente	Imperfecto	Indefinido
voy	iba	fui
vas	ibas	fuiste
va	iba	fue
vamos	íbamos	fuimos
vais	ibais	fuisteis
van	iban	fueron

SUBJUNTIVO

Presente	Imperfecto	Futuro Imperfecto
vaya	fuera/fuese	fuere
vayas	fueras/fueses	fueres
vaya	fuera/fuese	fuere
vayamos	fuéramos/fuésemos	fuéremos
vayáis	fuerais/fueseis	fuereis
vayan	fueran/fuesen	fueren

IMPERATIVO

Afirmativo	Negativo
—	—
ve	no vayas
vaya	no vaya
vayamos	no vayamos
id	no vayáis
vayan	no vayan

GERUNDIO

Simple

yendo

Jugar (-u- → -ue- / -g- → -gu-)

INDICATIVO
Presente
juego
juegas
juega
jugamos
jugáis
juegan

Indefinido
jugué
jugaste
jugó
jugamos
jugasteis
jugaron

SUBJUNTIVO
Presente
juegue
juegues
juegue
juguemos
juguéis
jueguen

IMPERATIVO
Afirmativo
—
juega
juegue
juguemos
jugad
jueguen

Negativo
—
no juegues
no juegue
no juguemos
no juguéis
no jueguen

Merendar (-e- → -ie-)

Verbos similares: **acertar, defender, despertar, empezar, fregar, gobernar, negar, perder**…

INDICATIVO
Presente
meriendo
meriendas
merienda
merendamos
merendáis
meriendan

SUBJUNTIVO
Presente
meriende
meriendes
meriende
merendemos
merendéis
merienden

IMPERATIVO
Afirmativo
—
merienda
meriende
merendemos
merendad
merienden

Negativo
—
no meriendes
no meriende
no merendemos
no merendéis
no merienden

TABLAS VERBALES ESPAÑOL / 23

Oír (+ -ig- / -i- → -y-)

INDICATIVO

Presente	Indefinido
oigo	oí
oyes	oíste
oye	oyó
oímos	oímos
oís	oísteis
oyen	oyeron

IMPERATIVO

Afirmativo	Negativo
—	—
oye	no oigas
oiga	no oiga
oigamos	no oigamos
oíd	no oigáis
oigan	no oigan

SUBJUNTIVO

Presente	Imperfecto	Futuro Imperfecto
oiga	oyera/oyese	oyere
oigas	oyeras/oyeses	oyeres
oiga	oyera/oyese	oyere
oigamos	oyéramos/oyésemos	oyéremos
oigáis	oyerais/oyeseis	oyereis
oigan	oyeran/oyesen	oyeren

GERUNDIO

Simple
oyendo

PARTICIPIO

oído

Pedir (-e- → -i-)

> Verbos similares: **conseguir, elegir, seguir, servir, vestir**...

INDICATIVO

Presente	Indefinido
pido	pedí
pides	pediste
pide	pidió
pedimos	pedimos
pedís	pedisteis
piden	pidieron

SUBJUNTIVO

Presente	Imperfecto	Futuro Imperfecto
pida	pidiera/pidiese	pidiere
pidas	pidieras/pidieses	pidieres
pida	pidiera/pidiese	pidiere
pidamos	pidiéramos/pidiésemos	pidiéremos
pidáis	pidierais/pidieseis	pidiereis
pidan	pidieran/pidiesen	pidieren

IMPERATIVO

Afirmativo	Negativo
—	—
pide	no pidas
pida	no pida
pidamos	no pidamos
pedid	no pidáis
pidan	no pidan

GERUNDIO

Simple
pidiendo

Poder (-o- → -ue-,-u-)

INDICATIVO

Presente	Indefinido	Futuro imperfecto	Condicional
puedo	pude	podré	podría
puedes	pudiste	podrás	podrías
puede	pudo	podrá	podría
podemos	pudimos	podremos	podríamos
podéis	pudisteis	podréis	podríais
pueden	pudieron	podrán	podrían

SUBJUNTIVO

Presente	Imperfecto	Futuro Imperfecto
pueda	pudiera/pudiese	pudiere
puedas	pudieras/pudieses	pudieres
pueda	pudiera/pudiese	pudiere
podamos	pudiéramos/pudiésemos	pudiéremos
podáis	pudierais/pudieseis	pudiereis
puedan	pudieran/pudiesen	pudieren

GERUNDIO

Simple

pudiendo

IMPERATIVO

Afirmativo	Negativo
—	—
puede	no puedas
pueda	no pueda
podamos	no podamos
poded	no podáis
puedan	no puedan

Poner

Verbos similares: todos sus compuestos (**anteponer**, **componer**, **reponer**).

INDICATIVO

Presente	Indefinido	Futuro imperfecto	Condicional
pongo	puse	pondré	pondría
pones	pusiste	pondrás	pondrías
pone	puso	pondrá	pondría
ponemos	pusimos	pondremos	pondríamos
ponéis	pusisteis	pondréis	pondríais
ponen	pusieron	pondrán	pondrían

PARTICIPIO

puesto

SUBJUNTIVO

Presente	Imperfecto	Futuro Imperfecto
ponga	pusiera/pusiese	pusiere
pongas	pusieras/pusieses	pusieres
ponga	pusiera/pusiese	pusiere
pongamos	pusiéramos/pusiésemos	pusiéremos
pongáis	pusierais/pusieseis	pusiereis
pongan	pusieran/pusiesen	pusieren

IMPERATIVO

Afirmativo	Negativo
—	—
pon	no pongas
ponga	no ponga
pongamos	no pongamos
poned	no pongáis
pongan	no pongan

Querer

INDICATIVO

Presente	Indefinido	Futuro Imperfecto	Condicional
quiero	quise	querré	querría
quieres	quisiste	querrás	querrías
quiere	quiso	querrá	querría
queremos	quisimos	querremos	querríamos
queréis	quisisteis	querréis	querríais
quieren	quisieron	querrán	querrían

SUBJUNTIVO

Presente	Imperfecto	Futuro Imperfecto
quiera	quisiera/quisiese	quisiere
quieras	quisieras/quisieses	quisieres
quiera	quisiera/quisiese	quisiere
queramos	quisiéramos/quisiésemos	quisiéremos
queráis	quisierais/quisieseis	quisiereis
quieran	quisieran/quisiesen	quisieren

IMPERATIVO

Afirmativo	Negativo
—	—
quiere	no quieras
quiera	no quiera
queramos	no queramos
quered	no queráis
quieran	no quiera

Saber

Verbos similares: **caber** (1ª persona del Presente de Indicativo: **quepo**).

INDICATIVO

Presente	Indefinido	Futuro Imperfecto	Condicional
sé	supe	sabré	sabría
sabes	supiste	sabrás	sabrías
sabe	supo	sabrá	sabría
sabemos	supimos	sabremos	sabríamos
sabéis	supisteis	sabréis	sabríais
saben	supieron	sabrán	sabrían

SUBJUNTIVO

Presente	Imperfecto	Futuro Imperfecto
sepa	supiera/supiese	supiere
sepas	supieras/supieses	supieres
sepa	supiera/supiese	supiere
sepamos	supiéramos/supiésemos	supiéremos
sepáis	supierais/supieseis	supiereis
sepan	supieran/supiesen	supieren

IMPERATIVO

Afirmativo	Negativo
—	—
sabe	no sepas
sepa	no sepa
sepamos	no sepamos
sabed	no sepáis
sepan	no sepan

TABLAS VERBALES ESPAÑOL / 30

Sentir (-e- → -ie-, -i-)

Verbos similares: **advertir, arrepentirse, mentir, preferir**...

INDICATIVO

Presente	Indefinido
siento	sentí
sientes	sentiste
siente	sintió
sentimos	sentimos
sentís	sentisteis
sienten	sintieron

SUBJUNTIVO

Presente	Imperfecto	Futuro Imperfecto
sienta	sintiera/sintiese	sintiere
sientas	sintieras/sintieses	sintieres
sienta	sintiera/sintiese	sintiere
sintamos	sintiéramos/sintiésemos	sintiéremos
sintáis	sintierais/sintieseis	sintiereis
sientan	sintieran/sintiesen	sintieren

IMPERATIVO

Afirmativo	Negativo
—	—
siente	no sientas
sienta	no sienta
sintamos	no sintamos
sentid	no sintáis
sientan	no sientan

GERUNDIO

Simple
sintiendo

Tener

Verbos similares: todos sus compuestos (**contener**, **retener**…).

INDICATIVO

Presente	Indefinido	Futuro Imperfecto	Condicional
tengo	tuve	tendré	tendría
tienes	tuviste	tendrás	tendrías
tiene	tuvo	tendrá	tendría
tenemos	tuvimos	tendremos	tendríamos
tenéis	tuvisteis	tendréis	tendríais
tienen	tuvieron	tendrán	tendrían

SUBJUNTIVO

Presente	Imperfecto	Futuro Imperfecto
tenga	tuviera/tuviese	tuviere
tengas	tuvieras/tuvieses	tuvieres
tenga	tuviera/tuviese	tuviere
tengamos	tuviéramos/tuviésemos	tuviéremos
tengáis	tuvierais/tuvieseis	tuviereis
tengan	tuvieran/tuviesen	tuvieren

IMPERATIVO

Afirmativo	Negativo
—	—
ten	no tengas
tenga	no tenga
tengamos	no tengamos
tened	no tengáis
tengan	no tengan

Traer (+ -ig-)

Verbos similares: **caer** (y sus compuestos), **roer**…

INDICATIVO	SUBJUNTIVO
Presente	**Presente**
traigo	traiga
traes	traigas
trae	traiga
traemos	traigamos
traéis	traigáis
traen	traigan

IMPERATIVO

Afirmativo	Negativo
—	—
trae	no traigas
traiga	no traiga
traigamos	no traigamos
traed	no traigáis
traigan	no traigan

Valer (-l- → -lg-)

Verbos similares: terminados en **-aler** y **-alir** (**equivaler, salir**…).

INDICATIVO	SUBJUNTIVO
Presente	**Presente**
valgo	valga
vales	valgas
vale	valga
valemos	valgamos
valéis	valgáis
valen	valgan

IMPERATIVO

Afirmativo	Negativo
—	—
vale	no valgas
valga	no valga
valgamos	no valgamos
valed	no valgáis
valgan	no valgan

Venir

INDICATIVO

Presente	Indefinido	Futuro Imperfecto	Condicional
vengo	vine	vendré	vendría
vienes	viniste	vendrás	vendrías
viene	vino	vendrá	vendría
venimos	vinimos	vendremos	vendríamos
venís	vinisteis	vendréis	vendríais
vienen	vinieron	vendrán	vendrían

SUBJUNTIVO

Presente	Imperfecto	Futuro Imperfecto
venga	viniera/viniese	viniere
vengas	vinieras/vinieses	vinieres
venga	viniera/viniese	viniere
vengamos	viniéramos/viniésemos	viniéremos
vengáis	vinierais/vinieseis	viniereis
vengan	vinieran/viniesen	vinieren

GERUNDIO

Simple
viniendo

IMPERATIVO

Afirmativo	Negativo
—	—
ven	no vengas
venga	no venga
vengamos	no vengamos
venid	no vengáis
vengan	no vengan

Ver

INDICATIVO

Presente	Imperfecto	Indefinido
veo	veía	vi
ves	veías	viste
ve	veía	vio
vemos	veíamos	vimos
veis	veíais	visteis
ven	veían	vieron

SUBJUNTIVO

Presente

vea
veas
vea
veamos
veáis
vean

IMPERATIVO

Afirmativo	Negativo
—	—
ve	no veas
vea	no vea
veamos	no veamos
ved	no veáis
vean	no vean

PARTICIPIO

visto

EL INDICATIVO

El Presente

1. Se usa para hacer referencia a acciones que realizamos en el mismo momento en el que hablamos o a hechos que se repiten con una determinada frecuencia.
   *Casi nunca **veo** la televisión.*
2. Puede expresar hechos intemporales.
   *El agua **hierve** a 100 grados.*
3. Es frecuente su empleo para referirse a acciones en el futuro.
   *La semana que viene **me voy** de vacaciones.*
4. El llamado "presente histórico" sirve para expresar una acción que sucedió en el pasado.
   *En 1939 **termina** la Guerra Civil española y **empieza** la dictadura del general Franco.*
5. Se utiliza también para dar instrucciones u órdenes.
   *¿El Ayuntamiento? **Sigues** todo recto y **giras** en la primera calle a la izquierda.*

Los tiempos del pasado

Pretérito perfecto
1. Se emplea para referirse a hechos pasados o a experiencias sin hacer referencia a cuándo ocurrieron.
   ***He estado** muchas veces en París.*
2. Sirve para hablar de hechos pasados cuando:
   a. Utilizamos marcadores temporales relacionados con el presente: **esta semana, este lunes, este mes/ año/ siglo, este último fin de semana**…
      *Esta semana **he tenido** mucho trabajo.*
   b. Hablamos de hechos que han ocurrido en el mismo día en el que nos referimos a ellos: **hoy, a las nueve y media, esta mañana/ tarde/ noche, hace tres horas, después de desayunar**…
      *Me **he levantado** hace más de una hora y todavía tengo sueño.*
   c. Empleamos expresiones que indican proximidad en el tiempo: **últimamente, en los últimos tiempos, hace poco**…
      *Hace poco **he tenido** noticias suyas.*

TABLAS VERBALES ESPAÑOL / 35

TABLAS VERBALES ESPAÑOL / 36

Pretérito Indefinido

Sirve para hablar de acciones pasadas a las que hacemos referencia sin establecer una relación con el presente con marcadores temporales como: **ayer, anteayer, anoche, el domingo, la semana pasada, hace unos días/ meses/ años, las vacaciones pasadas, en 1999**…

*Ayer **me encontré** a tu hermano por la calle.*

Hay verbos que sufren una alteración de la raíz y un cambio en la tonicidad en la 1ª y en la 3ª persona del singular (**anduve**, no anduvé; **anduvo**, no ~~andó~~).

andar: **anduv-**	caber: **cup-**	Terminaciones para este tipo de verbos
poner: **pus-**	querer: **quis-**	**-e**
decir: **dij-**	saber: **sup-**	**-iste**
tener: **tuv-**	haber: **hub-**	**-o**
hacer: **hic-**	venir: **vin-**	**-imos**
poder: **pud-**	estar: **estuv-**	**-isteis**
traer: **traj-**	conducir: **conduj-**	**-ieron**

Los verbos **ser** e **ir** se conjugan igual en Pretérito Indefinido (ver páginas 4 y 22).

Pretérito Imperfecto

1. Se utiliza cuando queremos describir hábitos, costumbres y circunstancias de un momento pasado.
   *De niño, siempre **iba** de vacaciones a casa de mis tíos.*
2. Se suele usar en cierto tipo de peticiones.
   ***Quería** una libreta cuadriculada.*
3. Se emplea para hablar de cosas sucedidas en sueños.
   *Yo **podía** volar y **tenía** otros poderes increíbles…*

Contraste Imperfecto / Indefinido / Pretérito Perfecto

El Indefinido y el Pretérito Perfecto presentan la información como un hecho mientras que el Imperfecto describe las circunstancias en las que sucedió la acción.

*Ayer **estaba** en casa aburrido y **me fui** al cine.*
*Esta mañana **me he levantado** más tarde porque no **tenía** que ir a trabajar.*

Pretérito Pluscuamperfecto

Sirve para hacer referencia a circunstancias y a acciones pasadas, anteriores a otro hecho pasado.

*Cuando llegué al cine, la película ya **había empezado**.*

El Futuro

1. Usamos el Futuro para hablar de acciones futuras sin marcar su relación con el momento presente.
   *Mañana **tendremos** buen tiempo en todo el país.*
2. Para hacer hipótesis sobre algo que está ocurriendo en el momento en el que hablamos.
   - *Carlos llega un poco tarde hoy, ¿no?*
   - *Sí, es verdad. **Estará** intentando aparcar, supongo.*
3. Cuando la hipótesis se refiere a algo que ya ha pasado, se usa el Futuro Compuesto.
   - *Carlos llega un poco tarde hoy, ¿no?*
   - *Sí, es verdad. Se **habrá** quedado dormido.*

Algunos verbos presentan formas irregulares en el Futuro.

caber: **cabr**-	valer: **valdr**-	tener: **tendr**-
poner: **pondr**-	venir: **vendr**-	salir: **saldr**-
haber: **habr**-	poder: **podr**-	saber: **sabr**-
querer: **querr**-	decir: **dir**-	hacer: **har**-

El Condicional

1. Usamos el Condicional en locuciones de cortesía o ruego.
   *¿**Podría** usted ayudarme?*
   ***Querría** pedirle un favor.*
2. Dar o pedir consejos.
   - *¿Crees que **debería** ponerme a régimen?*
   - *Yo, en tu lugar, no lo **haría**.*
3. Con verbos que expresan un deseo.
   *Me **gustaría** tener mas tiempo libre.*
4. En las oraciones condicionales, cuando consideramos la condición como algo irreal o poco probable en el presente o en el futuro.
   *Si conociera/-iese mejor a Marta, **hablaría** con ella.*
   *Si tuviéramos/ tuviésemos alas, **podríamos** volar.*

Los verbos que presentan formas irregulares en el Futuro, presentan las mismas irregularidades en el Condicional (ver cuadro de la izquierda).

El Imperativo

1. Se usa para conceder permiso.
   - ● *¿Puedo cerrar la puerta? Es que hace frío.*
   - ○ *Sí, claro, **ciérrala**.*
2. Para dar instrucciones.
   - ***Ponga** aceite en una sartén, **caliéntelo** y **añada** las patatas. A continuación…*
3. Para dar consejos y recomendaciones.
   - *No **vayáis** en coche al centro; es más práctico el metro.*
4. Para ofrecer algo.
   - ***Coge** unas galletas, que están muy buenas.*
5. Para dar órdenes o para pedir algo.
   - *Gutiérrez, **venga** a mi despacho lo antes posible.*

Algunos verbos presentan formas especiales para la 2ª persona del singular:

poner: **pon**	decir: **di**	hacer: **haz**
salir: **sal**	ser: **sé**	ir: **ve**
tener: **ten**	venir: **ven**	

En los verbos reflexivos, desaparece la -**d** final de la 2ª persona del plural y la -**s** final de la 1ª persona del plural: **callaos** (en lugar de **callados**) y **vámonos** (en lugar de **vamosnos**).

EL SUBJUNTIVO

1. Se usa para expresar hipótesis en frases principales.
   - *Tal vez **hayan** encontrado algún atasco.*
   - *Quizá no **hayan recibido** nuestra postal.*
2. En oraciones exclamativas introducidas con **que** y que expresan una voluntad o un deseo.
   - *¡Que te **mejores**! ¡Que **aproveche**!*
3. En el estilo indirecto cuando se transmite un Imperativo.
   - *Dice el jefe que **te quedes** y **hables** con él.*
4. En frases relativas, cuando nos referimos a algo que hemos pensado, pero de lo que no tenemos una experiencia directa o no sabemos si existe.
   - *Busco un piso que **esté** cerca del centro.*

5. En frases subordinadas que empiezan con **que** después de:
   a. Expresiones de voluntad (deseos, órdenes, ruegos, permisos, consejos, intenciones, propuestas y ofertas).
   *Quiero que **vayas** a la ciudad.*
   *¿Desean que los **acompañe**?*
   b. Expresiones de sentimientos (estados de ánimo, esperanza, miedo, alegría, lamento, sorpresa).
   *Espero que **estés** bien.*
   *Me alegra que **hayas** venido.*
   c. Expresiones de opinión, valoraciones o reacciones.
   *No me parece bien que siempre **llegues** tarde.*
   *No hace falta que **vengáis**.*
6. Hay verbos que en su forma afirmativa obligan a la utilización del Indicativo en la frase subordinada, mientras que su negación exige el Subjuntivo. Son verbos que expresan una opinión personal, una creencia o una forma de pensar: **creer**, **pensar**, **parecer**…
   *No creo que **vaya** a venir.*

FORMAS VERBALES IMPERSONALES

El Infinitivo

1. El Infinitivo nos dice a qué conjugación pertenece un verbo.
   -ar: 1ª conjugación / **-er**: 2ª conjugación / **-ir**: 3ª conjugación
2. Se puede combinar con otros verbos. En algunos casos, el Infinitivo se coloca directamente detrás del verbo: **necesitar, soler, esperar, poder, querer, deber*, intentar, ver, oír**; en otros, se coloca una preposición entre el verbo y el Infinitivo:
   a. Con la preposición **a**: **ir, venir, empezar, comenzar, ponerse, llegar, volver, aprender**…
   b. Con la preposición **de**: **dejar, deber*, acabar, terminar, tratar, acordarse, olvidarse, encargarse**…
   c. Con la preposición **en**: *insistir, dudar, tardar*…

Para expresar obligación o necesidad se usan las construcciones **tener que** + Infinitivo y **hay que** + Infinitivo.

*****Deber** + Infinitivo expresa obligación, **deber de** + Infinitivo probabilidad.

TABLES VERBALES ESPAÑOL / 40

El Gerundio

1. Presenta una acción paralela a otra, a veces como marco temporal*, y otras refiriéndose al modo en el que se produce otra acción**.
   Entrando me he encontrado a Carlos,
   *que salía **corriendo*** de la cocina.

2. **Estar** + Gerundio sirve para presentar una acción actual durante su desarrollo.
   - *¿Está Juan?*
   - *Sí, pero es que ahora **está durmiendo**. ¿Quieres dejarle un recado?*

3. En español, el Gerundio no puede funcionar como sujeto. Para esta función se usa el Infinitivo.
   ~~*Comiendo sano es muy importante*~~
   ***Comer** sano es muy importante.*

4. Se puede combinar con otros verbos:
   Seguir/ continuar + Gerundio sirve para indicar la continuación de una acción.
   *El médico me dijo que lo dejara, pero **sigo tomando** café.*

Llevar + Gerundio se emplea para hacer referencia a la duración de un hecho o de una situación.
***Llevo** siete años **viviendo** en Barcelona.*
Empezar/ comenzar + Gerundio se usa para referirse al inicio de un proceso que se relaciona con otros procesos posteriores.
***Empezó limpiando** habitaciones y en dos años llegó a ser el jefe de personal del hotel.*
Acabar/ terminar + Gerundio sirve para hacer referencia a la culminación de un proceso anterior.
*Si las cosas siguen tan mal, **acabaré cerrando** el bar.*

Los verbos terminados en **-ir** con una **-e-** o una **-o-** en su raíz son irregulares en Gerundio. La **-e-** cambia a **-i-** y la **-o-** se convierte en **-u-** (esta última irregularidad afecta también al verbo **poder**).

pedir: **pidiendo**	sentir: **sintiendo**	venir: **viniendo**
decir: **diciendo**	preferir: **prefiriendo**	vestir: **vistiendo**
morir: **muriendo**	dormir: **durmiendo**	poder: **pudiendo**

El Participio

1. Se utiliza en la formación de la voz pasiva: **ser** + Participio.
   *El Quijote **fue escrito** por Cervantes.*
2. También se emplea en la construcción de los tiempos compuestos:
   Pretérito Perfecto (**he trabajado**)
   Pluscuamperfecto (**había trabajado**)
   Pretérito Anterior (**hube trabajado**)
   Futuro Perfecto (**habré trabajado**)
   Condicional Compuesto (**habría trabajado**)
   Infinitivo Compuesto (**haber trabajado**)
   Gerundio Compuesto (**habiendo trabajado**).
3. Algunas veces, el Participio aparece por sí solo sin formar parte de una construcción verbal.
   ***Terminada** la actuación, el público aplaudió diez minutos.*
   *Encontré a los niños ya **dormidos**.*

Participios irregulares:

abrir: **abierto**	absolver: **absuelto**
cubrir: **cubierto**	decir: **dicho**
disolver: **disuelto**	escribir: **escrito**
freír: **frito**	hacer: **hecho**
ir: **ido**	morir: **muerto**
poner: **puesto**	resolver: **resuelto**
romper: **roto**	satisfacer: **satisfecho**
ver: **visto**	volver: **vuelto**

Todos los compuestos de estos verbos tienen la misma irregularidad:

reabrir: **reabierto**	deshacer: **deshecho**
descubrir: **descubierto**	imponer: **impuesto**
contradecir: **contradicho**	revolver: **revuelto**

TABLAS VERBALES ESPAÑOL / 42

LA VOZ PASIVA

1. La voz pasiva se forma con el verbo auxiliar
   ser + participio perfecto (ver conjugación **ser**).
2. Solo los verbos transitivos, es decir, los que tienen un
   Objeto Directo, pueden tener voz pasiva.
3. El Participio adopta el género y el número del sujeto de
   la oración.
   *Los manifestantes han sido controlados
   por la policía.*
4. La voz pasiva se utiliza en español en la lengua escrita
   y en un registro culto, y a menudo también en textos
   periodísticos. En el lenguaje cotidiano se utiliza más la
   voz activa o las construcciones con **se**.
   En España se hablan cuatro lenguas.

Ser amado

INDICATIVO

Presente

soy amado/amada
eres amado/amada
es amado/amada
somos amados/amadas
sois amados/amadas
son amados/amadas

Futuro Imperfecto

seré amado/amada
serás amado/amada
será amado/amada
seremos amados/amadas
seréis amados/amadas
serán amados/amadas

Pretérito Indefinido

fui amado/amada
fuiste amado/amada
fue amado/amada
fuimos amados/amadas
fuisteis amados/amadas
fueron amados/amadas

VERBOS REFLEXIVOS

Se forman con los pronombres reflexivos (**me**, **te**, **se**, **nos**, **os**, **se**) más la forma conjugada del verbo. *Mi hijo nunca **se** peina.*

INDICATIVO

Presente
me lavo
te lavas
se lava
nos lavamos
os laváis
se lavan

Pretérito Perfecto
me he lavado
te has lavado
se ha lavado
nos hemos lavado
os habéis lavado
se han lavado

IMPERATIVO

Afirmativo
—
lávate
lávese
lavémonos
lavaos
lávense

Negativo
—
no te laves
no se lave
no nos lavemos
no os lavéis
no se laven

INFINITIVO

Simple
lavarse

Compuesto
haberse lavado

GERUNDIO

Simple
lavándose

Compuesto
habiéndose lavado

PARTICIPIO
—

CAMBIOS ORTOGRÁFICOS

Muchos verbos sufren cambios ortográficos, con el fin de mantener la fonética de la raíz.

1. Verbos con la terminación **-car**:
   -c- → **-qu-** delante de **-e**. *buscar* → *busque*
2. Verbos con la terminación **-gar**:
   -g- → **-gu-** delante de **-e**. *pagar* → *paguemos*
3. Verbos con la terminación **-zar**:
   -z- → **-c-** delante de **-e**. *almorzar* → *almuerces*
4. Verbos con la terminación **-guar**:
   -gu- → **-gü-** delante de **-e**. *averiguar* → *averigüe*
5. Verbos con la terminación **-cer** o **-cir**:
   -c- → **-z-** delante de **-a/-o**. *vencer* → *venzo, venza*
6. Verbos con la terminación **-ger** o **-gir**:
   -g- → **-j-** delante de **-a/-o**. *coger* → *cojo, coja*
7. Verbos con la terminación **-guir**:
   -gu- → **-g-** delante de **-a/-o**. *seguir* → *sigo, siga*
8. Verbos con la terminación **-quir**:
   -qu- → **-c-** delante de **-a** y de **-o**. *delinquir* → *delinco*

Muchos verbos sufren un cambio de acento.

1. Numerosos verbos con la terminación **-iar**.
   confiar → *confía*s, *enviar* → *envías*…
2. Numerosos verbos con la terminación **-uar**.
   continuar → *continúa*…
3. Otros verbos.
   poseer → *poseíste*, *prohibir* → *prohíbe*,
   reunir → *reúne*…

ÍNDICE

Ser (conjugación) 4	**Hacer** 21	Ver 34
Estar (conjugación) 6	**Ir** 22	El Indicativo 35
Haber (conjugación) 8	**Jugar** 23	El Presente 35
Verbos regulares 10	**Merendar** 23	Los tiempos del pasado 35
1ª conjugación (**Amar**) 10	**Oír** 24	El Futuro 37
2ª conjugación (**Beber**) 12	**Pedir** 25	El Condicional 37
3ª conjugación (**Vivir**) 14	**Poder** 26	El Imperativo 38
Verbos irregulares 16	**Poner** 27	El Subjuntivo 38
Adquirir 16	**Querer** 28	Formas verbales impersonales 39
Conocer 16	**Saber** 29	El Infinitivo 39
Construir 17	**Sentir** 30	El Gerundio 40
Contar 18	**Tener** 31	El Participio 41
Dar 18	**Traer** 32	La voz pasiva 42
Decir 19	**Valer** 32	Verbos reflexivos 43
Dormir 20	**Venir** 33	Cambios ortográficos 44

TABLAS VERBALES
ESPAÑOL

© Difusión, Centro de Investigación
  y Publicaciones de Idiomas, S.L., Barcelona 2006

Diseño cubierta: Cifra

ISBN: 84-8443-383-8
Depósito Legal: B. 25.904-2006

Impreso en España por Tesys

difusión
Centro de
Investigación y
Publicaciones
de Idiomas, S.L.

PONS

C/ Trafalgar, 10, entlo. 1ª
08010 Barcelona
Tel. (+34) 93 268 03 00
Fax (+34) 93 310 33 40
editorial@difusion.com

www.difusion.com